COUP D'OEIL

SUR

LA SITUATION

POLITIQUE ET MILITAIRE

DE L'EUROPE,

ET PRINCIPALEMENT DE L'ITALIE.

PAR V***,

Ancien Élève de l'École Polytechnique, Membre de
l'Académie de Rouen.

A PARIS,

Chez { CORRÉARD, } Libraires au Palais-Royal.
      { PONTHIEU, }

1821.

COUP D'OEIL

SUR LA SITUATION POLITIQUE ET MILITAIRE

DE L'EUROPE,

ET PRINCIPALEMENT DE L'ITALIE.

~~~~~~~~~~

Il nous a été difficile de nous former une idée exacte de la situation de l'Italie : les nouvelles que nous recevions étaient trop incertaines et trop incomplètes pour fixer notre jugement d'une manière irrévocable. Néanmoins, nous eussions pu deviner avec assez de précision la marche et les progrès des événemens qui se préparaient, si le ministère, qui nous crut sans doute indignes d'entendre la vérité, n'avait pas jugé à propos de s'opposer à sa libre manifestation.

La censure des journaux, l'interruption dans la circulation des lettres, le silence du gouvernement; tout nous portait à nous défier des nouvelles qui nous arrivaient, et à supposer qu'il en existait d'autres plus favorables à nos vœux et à l'indépendance italienne.

Supposez qu'un voyageur passionné aille parcourir les contrées insurgées de l'Italie, afin d'observer la marche des événemens et la force des factions qui les dirigent : Si ce voyageur ne voit dans la sainte alliance qu'une heureuse extension de l'évangile; s'il aime le despotisme dans le gouvernement ; s'il croit voir l'anarchie et le bouleversement des états dès que leurs souverains jugent à propos d'abandonner une partie de leur autorité pour la partager avec leurs peuples ; s'il ne peut supporter que des personnes imbues des mêmes principes que lui ; s'il ne fréquente et s'il ne voit que des personnes tourmentées des mêmes désirs, élevées à la même école, professant les mêmes doctrines, prônant les mêmes têtes, enthousiastes des mêmes souvenirs : si tel est cet observateur, il parcourra le pays en entier, et, à l'exemple du voyageur de la *gazette*, il aura des yeux pour ne pas voir, il observera les événemens dans les antichambres des rois et des grands, et au lieu de faits, il n'aura recueilli que la connaissance de quelques hommes monarchiques qu'il aura flattés, parce qu'il aura été flatté lui-même de leurs propres opinions.

Si ce voyageur est élevé dans une école opposée, il verra dans chaque événement dont il sera témoin, une marche favorable à ses désirs ; une légère émeute ; sera pour lui une vaste insurrection. Au premier coup de canon qu'il entendra, il croira déjà que la victoire protége de ses ailes glorieuses le parti qu'il soutient avec tant de chaleur.

Voilà cependant, les prismes à travers lesquels les événemens de Naples ont dû passer pour arriver jusqu'à nous ; aussi, avons nous vu répandre le bruit d'un soulévement, dans les provinces qui avoisinent cet état ; on a entendu dire avec assurance, que déjà Rome avait imité Naples, et que la cité de Milan, malgré le joug de fer que l'Autriche lui impose, était prête à lever elle-même l'étendard de la liberté, et à seconder de tout son pouvoir les drapeaux de l'indépendance.

Ces nouvelles furent répandues avec empressement, par ceux qui voyaient en elles l'accomplissement de leurs désirs et de leurs vœux. Elles furent propagées avec moins d'intérêt par les indifférens ; mais elles ne furent reçues qu'avec défiance, par ceux qui, en aimant le triomphe de la liberté, savent combien d'obstacles il faut lever, et combien de dangers il faut courir, avant d'arriver à ce noble but.

Cependant, en même tems qu'elles portèrent les plus douces espérances dans le cœur des Libéraux, elles jetèrent le désespoir le plus profond parmi les ultra-royalistes : mais ceux-ci reçurent bientôt des nouvelles qui ranimèrent leurs espérances et leur courage abattu.

Le ministère d'accord, sans doute, avec les gouvernemens, étrangers avait cru agir dans son propre intérêt, en tenant dans le plus grand secret les nouvelles qu'il recevait, et en défendant l'introduction des journaux étrangers, ou en ne permettant l'entrée qu'à ceux qui étaient déjà connus pour professer les mêmes principes et les mêmes opinions que lui ; mais, voyant que cette conduite n'avait pour résultat que de maintenir l'inquiétude, et de favoriser les étrangers qui spéculaient sur nos fonds publics ; le ministère, dis-je, rompit enfin le silence, mais son langage fut si laconique, que nous crûmes devoir persister, ainsi que beaucoup d'autres, dans les doutes que nous avions déjà manifestés : mais le parti royaliste, loin d'être incrédule, reçut, sans restriction, toutes ces nouvelles avec des acclamations de joie et d'espérances; et ces acclamations ne se ralentissent pas encore, malgré l'obscurité toujours croissante des rapports et des bulletins qui nous arrivent depuis cette époque.

Nonobstant les nouvelles officielles de Florence, on se complaisait à répandre des nouvelles

opposées , et à les appuyer de l'autorité de quelques lettres adressées à plusieurs personnages
marquans; mais de part et d'autre il y avait erreur: l'armée napolitaine existait encore. La dis-
persion ne fut pas complète, puisque les bri-
gades des généraux Russo et Verdinosi n'ont
abandonné ni leurs chefs, ni les drapeaux qu'ils
avaient juré de défendre. Cependant , quelques
troupes ont fui; mais ces troupes ont résisté pendant long-tems et avec opiniâtreté , aux efforts
de la division autrichienne Walmoden et de
l'armée de réserve. Malheureusement les dispositions militaires furent trop mal conçues pour
remédier à ce premier échec. Des fautes graves
se présentent en foule aux yeux de ceux qui veulent approfondir la cause de ces événemens im-
portans.

Quel était le but du général Pépé, se deman-
dera-t-on , lorsqu'il s'est décidé à composer une
armée de milices inhabiles à la guerre, et suscep-
tibles de se décourager aux moindres dangers?
Vous pouviez, lui dira-t-on, organiser votre armée, comme vous l'avez fait ; mais vous ne de-
viez pas vous porter en première ligne, ni abandonner vos positions, pour aller attaquer un ennemi fortifié dans ses retranchemens; un ennemi
dont vous étiez séparé par une rivière, et qui pou-

vait vous opposer ses meilleures troupes et ses officiers les plus expérimentés.

Vous quittez, de votre propre volonté, lui dira-t-on, un terrain montagneux couvert d'obstacles, inaccessible à la cavalerie, et vous descendez dans la plaine, vous, qui n'avez pas de cavalerie pour attaquer un ennemi dont les forces principales consistent précisément dans la bonté de cette arme?

Avez-vous attaqué de votre propre mouvement? ou en avez-vous reçu l'ordre impératif? Faut-il ne reconnaître qu'une imprudence de votre part; ou bien, faut-il croire l'opinion assez répandue qui attribue ce désastre à une trahison combinée de longue main?

Je m'abstiendrai d'émettre mon opinion particulière sur une question aussi délicate; je dirai, cependant, que cette dernière opinion se présente, au premier abord avec quelque apparence de vérité; car, à cette première faute, on en a vu succéder une seconde dont les suites ne sont pas moins fatales: pourquoi le général Carascosa n'est-il pas arrivé pour soutenir votre attaque? comment n'a-t-il pas empêché la déroute de vos troupes? Il me semble qu'en portant une division de son armée vers Sulmona, il eût arrêté l'ennemi, et vous eût donné le tems de rallier les fuyards qui s'étaient débandés.

Cependant, Carascosa n'a pas bougé un seul instant pour faire ce mouvement; il est resté parfaitement tranquille dans son camp retranché. Cette conduite tortueuse est une énigme difficile à deviner; faudrait-il l'expliquer par l'accueil que les Autrichiens ont reçu en arrivant à Naples? Ils ont trouvé sans doute quelques partisans parmi certaines classes de Napolitains; mais ces partisans sont peu nombreux, et tout le secours qu'ils fourniront aux étrangers, se bornera en général à faire des vœux et des prières pour le succès de leurs armes.

Ici, je suis sans doute en opposition avec certaines personnes qui s'obstinent à méconnaître les vœux de la nation Napolitaine; ces hommes ont regardé et applaudi comme un article de foi ce refrain qui termine si agréablement le bulletin Autrichien : *ni l'armée ni le peuple ne veulent du nouvel ordre de choses; les faits le prouvent*. Certes, il faut être bien inconséquent.

S'il m'était permis de raisonner mon opinion, sans courir le danger de me voir traiter de *fauteur de révolutions et de bouleversemens*, je demanderais à ceux qui connaissent si bien l'opinion des Napolitains et qui ont une foi si robuste pour les bulletins Autrichiens, je leur demanderais, dis-je, de nous expliquer com-

ment une armée qui ne veut pas de gouvernement
constitutionnel, a pu se révolter contre les auto-
rités établies, méconnaître la voix de ses chefs
et même celle de son roi, pour renverser un
gouvernement qu'elle désire, et en établir un
autre qu'elle n'aime pas? Comment, dirais-je encore, ce peuple qui ne veut pas de gouvernement
représentatif, a-t-il fait entendre ses acclamations
et montré la joie la plus bruyante, lorsqu'il a vu
le prince Régent donner l'assurance la plus po-
sitive de rester fidèle à ses sermens et à la nation?
comment ce peuple fidèle s'obstine-t-il à entou-
rer le palais du parlement national pour applau-
dir les discours les plus brûlans de patriotisme?
N'a-t-il qu'un enthousiasme factice ce peuple
qui traîne dans la boue quelques grenadiers
royaux, par cela seul qu'ils ont abandonné leurs
drapeaux, pour venir se placer à la tête des armées
Autrichiennes?

Certes, il faut être bien inconséquent dans ses
principes, et compter sur trop de crédulité, pour
oser avancer une opinion aussi erronée, et citer
en même tems des faits qui la détruisent d'une
manière aussi palpable.

Il est donc constant que le système constitutionnel n'est point indifférent aux Napolitains,
quoique l'échec malheureux de l'armée des

Abruzzes ait dû refroidir et décourager quelques âmes faibles et timides. Et c'est sans doute à cette espèce d'abattement, qu'il faut attribuer la singulière résolution d'abandonner, sans combat, la place de Capoue et la ligne militaire du Volturno. Néanmoins, il serait injuste de blâmer trop amèrement une évacuation sur laquelle il faut attendre de nouveaux rapports, pour en porter un jugement impartial : peut-être les généraux ont-ils été forcés à cette retraite par l'impossibilité où ils se sont vus de recomposer l'armée en avant de Naples; peut-être ont-ils vu la nécessité de se retirer dans les montagnes des Calabres, afin de retremper le courage de leurs troupes, et de raffermir le moral du peuple.

A cette époque, les Napolitains n'avaient pas connaissance des événemens arrivés dans le Piémont, car leurs journaux du 22 et du 23 n'en font aucune mention.

En apprenant cette nouvelle, leur courage et leurs espérances ont dû se ranimer; et c'est alors sans doute qu'ils ont décidé la guerre des Calabres et la retraite du parlement dans la ville de Salerne.

Aucun bulletin, aucune nouvelle, aucun journal dont nous ayons connaissance, n'ont contredit cette décision annoncée il y a quelque

tems par la Sentinelle subalpine; et loin d'être
infirmée par des nouvelles postérieures, on peut
dire que le silence que les journaux gardent
dans ce moment, est un signe d'approbation.

En effet, nous avons appris l'occupation de
Naples le 2 avril, et depuis ce tems, nous n'avons
eu que des nouvelles insignifiantes ou incertaines.
Or, s'il y en avait de favorables aux Autrichiens,
nous aurions reçu des détails circonstanciés;
nous saurions ce qu'est devenue l'armée constitutionnelle de Carascosa et de Filangiéri; nous
saurions pourquoi le général Pépé s'est embarqué
d'abord sur un bâtiment espagnol; nous saurions
pourquoi, ne le voyant pas arriver en Espagne,
on le fait embarquer de nouveau sur un bâtiment
anglais; nous saurions pourquoi nos journaux
s'opiniâtrent à dénaturer les faits et à jeter du ri-
dicule sur le caractère et la conduite de ce général. Serait-ce par hasard, parce qu'il a refusé de
fraterniser avec les Autrichiens? ou aurait-il eu
le malheur de rallier ses troupes au-delà de
Naples, pour les opposer une seconde fois
aux braves Autrichiens? En effet, si les hosti-
lités avaient cessé, si la domination autrichienne
était partout paisible, les flottes s'empresseraient
d'imiter les armées de terre, et les bâtimens autrichiens ne seraient pas capturés par la flotille de

Naples. Cependant, nous voyons que ces prises se renouvellent assez souvent : aucun de nos journaux ne les désavoue ; et ceux qui les ont annoncées les premiers ne sont pas suspects de montrer trop de partialité en faveur des Napolitains. D'un autre côté, nous pouvons regarder comme constant que les places de Gaëte, de Pescara et de Civitella-del-Tronte sont encore occupées par les armées constitutionnelles.

On nous a annoncé, à la vérité, que Gaëte avait arboré le drapeau de l'Autriche ; mais cette nouvelle est évidemment fausse ; car les gazettes postérieures de Rome ne l'ont pas confirmée, quoiqu'elle n'ait été annoncée que verbalement, par un courrier parti de Naples : et certes, cette prise serait trop importante pour que les journaux qui se rédigent sous l'influence des Autrichiens, eussent négligé de la confirmer, si elle était vraie. C'est le général d'artillerie Bégani, qui commande dans cette ville ; et nous savons tous comment il sait défendre les places confiées à sa valeur.

Les places fortes résistent donc ; et l'armée constitutionnelle étant composée des mêmes élémens, il est naturel qu'elle oppose la même résistance et la même opiniâtreté pour défendre ses foyers et la constitution qu'elle a jurée ; s'il

existe encore des incrédules, nous leur demanderons de nous dire où est maintenant cette armée du général Russo et du général Verdinosi;
nous leur demanderons de nous apprendre ce
qui a produit ces insurrections de Forli et de Bo-
logne, et d'où viennent ces *brigands* armés qui
infestent les frontières du royaume de Naples, et
s'étendent maintenant jusques dans les marches
d'Ancône. Nous leur demanderions, si par hasard, ils ont oublié que les *guérillas* d'Espagne
et les insurgés d'Amérique ont porté pendant
long-tems le nom de *brigands organisés*; et s'ils
n'étaient pas convaincus, je les prierais aussi de
se rappeler le nom que certaines gens ont appli-
qué à l'armée de la Loire.

Mais, dira-t-on, si les Autrichiens n'étaient pas
en force, ils n'auraient pas marché sur Naples avec
autant de résolution et d'assurance.

Pour répondre à cette question, remontons au
commencement de mars : A cette époque, les Autrichiens paraissaient disposés à attendre des ren-
forts avant d'attaquer; ils paraissaient redouter
l'enthousiasme des Napolitains et être décidés à
se maintenir dans une défensive absolue jusqu'à
l'arrivée des nouvelles troupes. Le 8 mars, ils
sont attaqués par le général Pépé, et malgré les
avantages du combat, ils restent immobiles jus-

ques vers le 20 mars. Quel était donc le but de cette hésitation ? C'est l'insurrection du Piémont ; c'est l'embarras du général Frimont qui n'a pas des pouvoirs assez étendus pour agir de lui-même dans des circonstances aussi imprévues.

Il a consulté le cabinet autrichien, et ce cabinet ne peut ordonner que deux choses : ou une retraite, ou une marche sur Naples. Si le général Frimont avait battu en retraite pour revenir sur le Pô et le Tésin, les généraux Carascosa et Pépé l'auraient poursuivi ; et les États du Pape, de Modène et de Parme, envahis par eux, auraient levé l'étendard de l'indépendance. Son armée harcelée de tous côtés n'aurait pas pu conserver la position du Tésin, parce que le corps d'armée de Pépé aurait pu se porter vers Ferrare pour couper sa ligne d'opération et intercepter sa communication avec l'Autriche ; par conséquent elle aurait été obligée de se retirer derrière l'Adige, et par ce mouvement forcé elle perdait tout le Milanais.

C'est donc par nécessité que les Autrichiens ont pris la résolution inattendue de marcher sur Naples ; ils ont mieux aimé sacrifier une armée de cinquante mille hommes que d'abandonner l'Italie par une retraite précipitée ; mais ce parti qu'ils ont pris ne pouvait les sauver qu'en opérant une contre-révolution.

Malheureusement pour eux, cet espoir ne se
réalise pas au gré de leurs vœux ; leur armée oc-
cupe Naples, elle peut se maintenir encore quelques jours par la puissance des intrigues, et par
l'appui fragile de quelques personnages qui ne
sont rien, tant que les rois ne sont pas tout, et qui
par cette raison conspirent sans cesse en faveur
des gouvernemens et des princes absolus ; mais
la nation napolitaine va retremper son caractère
dans les montagnes guerrières de la Pouille et
des Calabres ; la liberté va faire tressaillir ces têtes
ardentes du Vésuve, et bientôt elles vont se ruer
sur ces hordes de la Germanie pour les chasser
de la terre des Catons et des Césars.

Veut-on avoir une idée des ressources de l'I-
talie, et de la position fâcheuse où les Autrichiens
se trouvent engagés dans ce moment, examinez
ce que cette Italie a fait à diverses époques pour
arriver à l'indépendance et à la liberté.

Lorsque Napoléon eut planté l'étendard de la
victoire dans les plaines de l'Italie, un cri général d'allégresse s'éleva vers lui pour bénir le res-
taurateur de leur liberté et le vengeur d'un peuple
opprimé. Mais ce peuple, loin de conquérir la liberté, ne fit que changer de joug ; sa fierté s'en
indigna ; et l'on vit alors renaître l'ancienne institution des Carbonari ; elle se recruta dans des

classes les plus élevées de la société et parmi les hommes éclairés de toutes les conditions et de tous les états; de Milan à Naples elle trouva partout des néophytes nombreux et puissans. Mais l'ombrageuse politique de Napoléon s'en aperçut; et dès lors ses membres furent observés et poursuivis depuis les sources du Pô jusque dans les provinces les plus éloignées du royaume de Naples.

1815 arriva. Murat reconnut que la cour de Vienne refusait d'accomplir les promesses qu'elle lui avait faites en 1814 pour le détacher de la cause de Napoléon, et dès lors il forma le projet de délivrer l'Italie du joug de l'Autriche. Pour arriver à ce but, il chercha l'appui des Carbonari; il fit ouvrir leurs loges; il appela près de lui les membres les plus influens afin de se ménager des intelligences avec les Carbonari de Venise, de Milan et des autres états de l'Italie. Il était déjà parvenu à réunir les esprits en faveur de sa cause; une fermentation sourde commençait à se manifester dans toute l'Italie, lorsque la chute précipitée de cet infortuné monarque vint réprimer cet élan patriotique. L'Autriche épouvantée de l'effet magique que la liberté avait produit sur les peuples de l'Italie, promit de leur accorder une constitution; mais elle n'en donna

2

qu'un simulacre dérisoire ; toutes les concessions qu'elle leur fit, se bornèrent à l'établissement de deux *congrégations* qui siégeaient l'une à Venise et l'autre à Milan. Mais les membres de ces congrégations nommés par le gouvernement, n'eurent d'autres fonctions à faire que d'être consultés sur l'administration civile des provinces : Les précautions injustes ou prudentes, car je ne veux pas les caractériser, furent poussées jusques au point de reléguer dans le fond de la Hongrie, les troupes des Etats Italiens. Dès lors, le mécontentement fut général, et malgré les persécutions dont ils furent menacés, les Carbonari se multiplièrent d'une manière prodigieuse, dans le royaume *Lombard-Vénitien*. Cet accroissement s'étendit dans le royaume de Naples, et là les Carbonari purent régner en toute sûreté ; ils trouvèrent des sectateurs dans l'armée, dans les tribunaux, et jusques dans le palais du roi : mais cette institution n'eut de sectateurs, que parce que ses vues et ses desseins étaient les vues et les desseins des peuples de l'Italie ; elle n'eut des prosélytes, que par l'accord qu'il y avait entre elle et le peuple, pour haïr le joug de l'étranger : mais on reconnut que l'Italie n'arriverait jamais à l'indépendance tant qu'elle serait soumise à l'esclavage des monarchies absolues,

parce que les gouvernemens de cette espèce ne
sont libres chez eux que lorsqu'ils ont la force
de faire des esclaves chez les autres. C'est pour
cela, dit-on, qu'il fut convenu entre les membres
influens, que l'Italie serait partagée en deux
gouvernemens constitutionnels, dont l'un siége-
rait à Naples et l'autre à Turin. Qu'on juge
maintenant du résultat de la guerre : les armées
constitutionnelles de Naples et du Piémont vont
se grossir, dans toutes les provinces, d'auxiliaires
puissans et dévoués, tandis que l'armée autrichienne ne trouvera, même dans ses états, que
des ennemis ardens à lui nuire et impatiens de
secouer son joug.

DU PIÉMONT.

Quoique les Autrichiens soient entrés à Turin
au nombre de huit mille, il règne encore un
nuage si obscur sur les affaires de ce royaume,
que nous ne concevons pas comment ils ont pu
pénétrer dans la capitale, et encore moins, comment ils pourront s'y maintenir. L'armée piémon-
taise forte de quarante mille hommes, avait des
moyens plus que suffisans, pour s'y opposer, si
elle n'avait pas craint de tourner ses armes contre
deux ou trois mille hommes de troupes natio-

nales qui s'étaient fait les auxiliaires des Autrichiens; peut-être avait-elle d'autres raisons plus
importantes ; je ne me charge pas de les expliquer. Mais je suppose qu'en cédant ainsi le terrain aux troupes autrichiennes, elle descende la
rive droite du Pô , en passant par Tortone, Vo-
ghera, Stradella, et qu'elle arrive à Plaisance et
à Parme ; je demande ce que les Autrichiens au-
ront gagné dans leur attaque ? Les duchés de
Parme et de Modène se révolteront, et l'Autriche
aura un ennemi de plus à combattre.

Ces incursions sont parfaitement de l'essence
de la guerre constitutionnelle, dont l'Italie est
le théâtre ; et il serait à désirer que ses chefs
fussent pénétrés de cette vérité : c'est que la force
des armées constitutionnelles réside dans les
jambes des soldats et dans l'amour des peuples :
et qu'il vaut mieux frapper vite que frapper fort :
dans une guerre ordinaire, la témérité est souvent
un défaut; mais dans celle-ci c'est un présage certain
des plus brillans succès. Si les Piémontais, fidèles
à ces maximes, avaient marché sur Parme et sur
Modène dès les premiers momens de leur insurrection, les troupes de Milan auraient été for-
cées de céder et de se retirer au-delà de l'Adige.

Les mêmes fautes ont signalé le gouvernement de Naples; au lieu d'occuper les États du

Pape et la Toscane, avant que les Autrichiens
pussent s'y opposer, il a préféré une marche
prudente qui a laissé fomenter les intrigues, et
qui a fini par emmener l'ennemi dans sa propre
capitale.

Les armées de l'Italie devraient suivre l'exemple que donne maintenant le prince Ypsilanti : il
n'attend pas que les Turcs aient grossi leurs
forces : il part avec une poignée de soldats,
parcourt les campagnes, et son armée s'accroît
chaque jour dans sa marche ; partout les Turcs
fuient à son approche, et son armée se trouvera
complète lorsqu'il aura rempli le but qu'il vou-
lait atteindre. Tels auraient été les succès de
Naples et du Piémont, si ces cabinets avaient
agi avec assurance et attaqué avec autant d'impé-
tuosité que le chef des Moldaves.

INFLUENCES ÉTRANGÈRES.

Nous croirions émettre des opinions hasardées,
si nous prétendions que parmi les cabinets qui
n'ont montré que des dispositions pacifiques envers Naples et envers Turin, il n'en existe point
qui ayent des intentions hostiles, soit par leurs
vœux, soit par leurs intrigues.

Le rôle ouvert ou caché que l'Angleterre prendra dans cette lutte injuste, n'est pas encore bien déterminé. Deux intérêts opposés tiennent son cabinet dans une indécision dont on ne voit pas encore le terme définitif. Les principes de la sainte alliance entrent parfaitement dans ses vues, et quoique les ministres soient forcés de les désavouer publiquement et en présence du parlement, ils les approuvent tellement en secret, qu'ils ne montreraient pas la moindre répugnance à user de leur crédit et de leur influence sur le parlement, pour le décider à donner des subsides et des hommes, afin de soutenir le pacte des assurances mutuelles entre les trônes.

L'Angleterre veut la liberté, et l'amour qu'elle lui porte est si vif, qu'elle ne la veut que chez elle, et pour elle seule.

Sa conduite politique depuis 1814 en offre une grande preuve. Elle avait garanti des constitutions libérales à Gênes et à la Sicile, et elle a permis que Gênes fut incorporé dans les États du Piémont, et que la Sicile fut privée de la constitution dont elle jouissait depuis plusieurs années. Tels sont les principes du cabinet de Saint-James; ils ne gagnent rien ni en franchise, ni en loyauté, en passant par la filière d'un rouage constitutionnel.

Mais quel est donc, direz-vous, l'intérêt qui porte ce cabinet à soutenir avec tant de persévérance la puissance des rois et l'esclavage des peuples. Le voici : prenons le royaume des Pays-Bas pour exemple ; personne n'ignore que ce pays, inondé par les produits des manufactures anglaises, s'est vu forcé de renoncer à sa propre industrie, parce qu'il ne pouvait soutenir une concurrence aussi dangereuse ; dès lors le gouvernement s'est vu assaillir de réclamations et de plaintes de la part du commerce, et ces réclamations ont été écoutées à demi. Mais si le gouvernement avait été tout à fait absolu, les plaintes auraient été étouffées, et les Anglais auraient continué d'approvisionner le pays au détriment de la prospérité nationale.

Nous avons dit que l'Angleterre était poussée par deux intérêts opposés : le premier est pour la sainte alliance, et elle y est entraînée par le désir d'accroître son industrie, et par la certitude qu'elle a de pouvoir y parvenir au moyen de la prépondérance qu'elle exercera sur les gouvernemens absolus, et cette prépondérance ; elle ne la perdra jamais, tant qu'elle voudra se servir de ses armes favorites, l'intrigue et la corruption ; mais si la Russie coopère au rétablissement de la puissance autrichienne, elle espère, sans doute,

qu'elle sera favorisée à son tour dans ses projets
d'agrandissement; et s'il n'est pas permis de pen-
ser que les insurrections actuelles de la Valachie
et de la Moldavie ont été préparées pour accomplir les projets gigantesques contre la Turquie,
on ne peut pas douter qu'elle n'a jamais trouvé
d'occasion plus favorable pour les exécuter, ni
de prétexte plus plausible pour les colorer d'une
politique adroite. Or, ces acquisitions s'étendant
jusqu'à Constantinople, le commerce anglais de
l'Archipel sera attaqué dans sa base; et ses possessions de l'Inde deviendront très-critiques, si la
Russie veut faire usage de l'influence qu'elle ac-
querra sur le cabinet d'Ispahan.

Mais, supposons que la Russie montre de la
modération et de la justice; admettons qu'elle
s'abstienne d'agglomérer à son vaste empire les
provinces en litige, elle donnera à ces provinces
des souverains, qui seront aussi soumis à ses or-
dres que les gouverneurs de ses propres provinces, et la position de l'Angleterre n'en sera nul-
lement améliorée.

Cependant l'Angleterre a un moyen de sortir
de cette lutte d'une manière brillante: Le projet
est vaste, il est vrai; mais elle a les moyens de
l'exécuter. Ce projet a pour but de donner un
contrepoids à la Russie en réunissant les provin-

ces insurgées de la Moldavie et de la Valachie à
l'ancien royaume de Pologne. Pour arriver à ce
but, elle doit détruire l'influence dangereuse que
la Russie exerce sur tous les cabinets du conti-
nent, et elle y parviendra en favorisant l'établissement du système constitutionnel dans le
royaume de Prusse; le moment est favorable
pour y réussir, les esprits y sont préparés, et les
deux souverains qui pourraient s'y opposer, dirigent leurs forces vers un autre but : l'un est oc-
cupé des guerres d'Italie, et l'autre tourne ses
regards vers les provinces turques qui l'avoisinent. Mais il faut que ce mouvement s'exécute
en même temps que celui de l'Italie; il faut que
l'Angleterre prête ses flottes et ses armées de
terre, s'il le faut, pour soutenir l'Italie et resser-
rer l'Autriche dans ses possessions héréditaires.
Lorsqu'elle sera arrivée à ce point, elle pourra parler franchement; exposer à la France, à l'Italie,
à l'Espagne et à la Prusse le danger qui menace
les gouvernemens constitutionnels, si la Russie
et l'Autriche peuvent réunir leurs efforts et leurs
intrigues pour fomenter des dissensions dans les
états libres, afin de discréditer ces gouvernemens
et de faire prévaloir les gouvernemens absolus
qu'ils veulent imposer de force ; je ne doute pas
que tous les cabinets ne se réunissent alors pour

exiger le rétablissement du royaume de Pologne, et son agrandissement par l'adjonction des provinces de la Valachie et de la Moldavie. Ce rétablissement sera tout pacifique de la part de l'Autriche, parce que dans moins de huit jours les armées viendraient l'exiger dans Vienne même. Ainsi donc il n'y aura que la Russie qui pourrait faire quelque résistance; mais je ne pense pas qu'elle ose le tenter, car il n'y a aucune chance de succès en sa faveur.

PRUSSE.

La part que le roi de Prusse peut prendre dans cette lutte se bornera à une neutralité forcée; il ne peut figurer que par mémoire dans les registres de Layback. Les peuples ne veulent plus opprimer, chez les autres, une liberté qu'ils demandent pour eux-mêmes depuis long-temps; ils veulent que le gouvernement sorte d'une apathie; qu'il reconnaisse enfin les vœux de la nation; mais en attendant cet heureux moment, les sociétés secrètes se multiplient et s'étendent dans l'armée, dans les conseils du prince et parmi les généraux les plus estimés; tout fait donc espérer que la Prusse est à la veille de recevoir une constitution libérale.

ESPAGNE.

L'Espagne a montré trop de faiblesse dans ses relations politiques avec les membres de la Sainte-Alliance; elle eût pu secourir Naples avec plus de succès, si elle avait fait quelques sacrifices; mais sa conduite, presque neutre, nous laisse voir qu'elle n'a pas compris les hésitations et les réponses évasives des autres cabinets; elle n'a pas vu, ou elle a feint de ne pas voir, que la sommation de Laybach s'adressait en particulier à sa propre constitution; elle n'a pas su que la guerre de Naples n'était regardée que comme un escarmouche d'avant-postes, qui devait précéder la guerre de la péninsule.

Néanmoins, on s'aperçoit qu'elle commence à reconnaître son erreur et le danger qui la menace. Les Cortès ont dévoilé les intrigues qui s'ourdissaient dans la rue de Richelieu, et tout fait croire que notre gouvernement ne souffrira plus, maintenant qu'il est éclairé, qu'il se trame chez nous des complots, contre le gouvernement et la constitution qu'un Bourbon a juré de maintenir; nous espérons même que, plus instruit que les Cortès, il pourrait atteindre à des co-

(26)

mités plus marquans que celui de la rue Richelieu, si par malheur il en existait quelque part.
Du reste, quelles que soient les agressions que
l'Espagne ait à repousser, nous sommes persua-
dés qu'elle en sortira victorieuse, et qu'elle ne
cessera jamais d'être héroïque.

J'allais terminer cet écrit sans parler de la
France, lorsque me rappelant les paroles glorieuses du Grand Frédéric (1), j'ai gémi de
la voir plongée dans l'humiliation. Hélas! me
suis-je dit, pourquoi céderions-nous à toutes
les influences étrangères, lorsque nous avons
le pouvoir de nous élever au-dessus de toutes
les nations? pourquoi prendrions-nous une at-
titude suppliante, lorsque nous avons le droit
de parler en maîtres. Qui eut pensé qu'un
jour cette France voudrait acheter la paix à un
dey d'Alger, et capituler avec un prince qui fait
chaque matin le tour de son royaume?

Que faut-il donc, pour nous élever à notre
rang? — Il faut que le gouvernement brise les
fers qui nous enchaînent; il faut qu'il nous dé-
barrasse de ces lois d'exception qui nous révol-

(1) Si j'étais roi de France, disait Frédéric, il ne se
tirerait pas un coup de canon en Europe sans ma.per-
mission.

tent; il faut qu'il revienne à cette loi nationale
qui conduit l'opinion publique dans la Chambre
législative; il faut qu'il enlève les rênes du gouvernement à ces hommes qui l'ont toujours
trompé; il faut qu'il signale à la haine publique
ces fonctionnaires à cent mille francs, qui, en
dépensent deux cent mille par an, et qui finissent
néanmoins par acquérir des fortunes colossales.

Il faut enfin qu'il soit franchement constitutionnel. Alors les notes diplomatiques de nos
ambassadeurs seront comme l'épée de Brennus :
elles feront pencher la balance de notre côté.
Alors nous pourrons donner la paix à l'Italie,
et nous n'aurons besoin que d'une intervention
morale. Que notre cabinet parle, et l'Autriche
s'empressera d'évacuer Naples et le Piémont :
le télégraphe seul, du sommet des Alpes, pourra
annoncer à l'Italie que la France la déclare libre, et aussitôt les colonnes russes s'arrêteront,
sans attendre des courriers de Laybach.

Qui s'oppose donc à cette marche simple,
sûre et durable :

Je vais le dire, sans déguiser ma pensée, parce
que je n'écris pas pour flatter, mais pour faire
connaître la vérité toute entière.

L'homme prodigieux, qui vit au milieu d'un
rocher désert, fait encore frémir du sein de sa

retraite, et ces courtisans qui l'ont flatté jusqu'à
la bassesse, et ces prétendus hommes d'état qui
ne furent jamais que des hommes de police.
Leur frayeur est telle, qu'ils ne cessent de prê-
cher l'obéissance aux puissances étrangères, de
peur, disent-ils, que ces puissances ne viennent
nous envahir et nous diviser, en nous présentant
sur leur pavois l'homme que nous ne voulons
plus.

Voilà, si je ne me trompe, les craintes qu'on
veut inspirer au gouvernement : mais, d'où vien-
nent-elles, et qui les fait naître ? n'est-ce pas
ceux qui sont intéressés à nous maintenir dans
l'esclavage ? n'est-ce pas ceux qui profitent des
places et qui briguent les faveurs ? n'est-ce pas
ceux qui voudraient nous faire reculer au-delà
de 92 ? n'est-ce pas ceux qui font un privilége de
l'instruction, dans le but, sans doute, de nous
faire haïr les lumières ? Ces hommes, qui par-
lent ainsi, raisonnent juste ; ils savent que ces
craintes inspirent la terreur de l'étranger, et que
l'étranger a horreur du gouvernement constitutionnel ; or ce gouvernement est précisément
ce qu'ils craignent, et ils ont raison ; car ce
gouvernement est avare envers ceux qui n'ont vieilli
que dans l'activité de la retraite, ou sur les terres
étrangères de l'ennemi ; mais aussi il est juste

envers ceux qui ont versé leur sang pour la défense de la patrie; il ne souffre pas que le denier de la veuve (1) serve à venger les mânes d'un maréchal de France, mort par la main d'un assassin protégé.

De tels hommes ignorent sans doute que la France ne veut que la liberté que nous a donnée l'auguste auteur de la Charte; ils ignorent que cette dynastie éteinte, qu'ils redoutent tant, n'a laissé que quelques faibles souvenirs; que l'élite et l'immense majorité de la nation demande la légitimité de l'auguste race des Bourbons. Ils ignorent que l'armée, malgré les séductions et les piéges qu'on lui tend, n'a jamais demandé au-delà de la légitimité. Que le gouvernement l'appelle à son secours, et elle saura repousser l'étranger, quelle que soit son escorte, au cri vraiment français de VIVE LE ROI !

---

(1) L'administration a fait payer à la maréchale Brune les frais du procès contre les assassins du maréchal.

DE L'IMPRIMERIE D'ABEL LANOE, RUE DE LA HARPE.

www.ingramcontent.com/pod-product-compliance
Lightning Source LLC
Chambersburg PA
CBHW060817280326
41934CB00010B/2725